A mes parents,

A MES AMIS.

ACTE PUBLIC

POUR LA LICENCE,

En exécution de l'art. 4, tit. 2, de la loi du 22 ventôse an XII;

SOUTENU

Par **M. COMPANS** (Bernard),

Né a Moncorneil (Gers).

Jus Romanum.

Inst. Just. -- Lib. III. -- Tit. XXI.

De fidejussoribus.

Quum rei stipulandi de pecunia credenda valde timerent, quo magis in tuto forent, reo principali alios adhibere voluerunt qui nova
stipulatione idem promitterent, atque, si obligatus principalis solvendo
non esset, de satisfaciendo creditore tenerentur. Inde varii adpromis-
sores qui plura, secundum adhibita verba, sustinebant nomina.

1

In primis etenim Romæ temporibus una tantum erat accessio propria civium Romanorum, quœ vocabatur *sponsio*; donec, usu exigente, facilior fuerit reperta adpromissio quæ latina vel qua alia lingua inter cives et peregrinos, aut inter peregrinos concepta valeret, quæ appellata est *fidepromissio*.

Quum verò, ætate progrediente, neutraque necessitatibus sufficiens esset, nova, rebus cogentibus, creata est simplicior accessio quæ nominata est *fidejussio*. Cœterum huc ostendere qua parte dissimiles, et qua similes sint tres illæ adpromissiones magni interesse videtur.

I. *Dissimilitudines.* — 1° Sponsor et fidepromissor verborum tantum et in quibus aliquid dari stipulamur accedere possunt : fidejussor omnibus obligationibus sive re, sive verbis, sive litteris, sive consensu, et in quibus aliquid vel dari, vel fieri, vel præstari stipulamur, adjici potest nisi dotis causa, pro qua restituenda impeditur, ne causa perfidiæ in conjugio generetur. 2° Sponsio latina tantum, fidejussio latina vel græca, vel qua alia lingua contrahitur, dummodo stipulationis ope ; nam alias a constituto et mandato pecuniæ credendæ non differret. 3° Sponsor obligationem comitari debet : fidejussor et præcedere, et comitari, et sequi potest. 4° Sponsor civili tantum : fidejussor et civili et prætoriæ aut naturali obligationi adsumi potest, etiamsi ex delicto oriatur actio, utique si civiliter agatur, id est ad pœnam pecuniariam. (D. 46. 1, l. 8, § 5.) 5° Sponsor ipse solus obligatur : fidejussor etiam hæredem obligatum relinquit. 6° Si sponsores ab initio in solidum tenerentur, longe aliter fuit post leges Furiam et Apuleiam. Per Furiam enim sponsores biennio liberantur ; et, si plures sint eo tempore quo pecunia utiliter petitur, in partes ipso jure deducitur obligatio, ita ut singuli pro modo virili portione teneantur. Ita tamen in Italia tantum, nam in provinciis sponsores in perpetuum et singuli in solidum tenentur, nisi in jure petant ut epistola D. Hadriani adjuventur. Unde, quamvis pro parte detur actio, si quis ex co-sponsoribus litis contestatæ tempore solvendo non sit, hoc cœteros onerat. Fidejussores autem in perpetuum et in solidum ubique obligantur donec Hadriani epistola creditor compellatur a singulis qui litis contestatæ tempore solvendo sint, partes petere. Per Apuleiam inter cosponsores societas quædam introducta est : unde si quis plus sua parte solverit , a coobligatis quod supra dederit repetere potest. Cœterum ea lex quæ ab initio et in Italia et in provinciis locum habebat, postea in Italia inutilis facta est propter legem Furiam qua cautum .fuit ut quisque pro modo virili portione in jus vocaretur. Fidejassores vero in solidum obligati totum solvere tenentur , et , si is pro quo fidejussit solvendo non sit , illius qui solvit detrimentum erit si ex epistola Hadriani adjuvari neglexerit. 7° Lex quædam (1) jubet ut creditor qui sponsores accipit, prædicat palam et declaret quot sponsores accepturus sit , et de quota parte satis accipiat : quod si omiserit , sponsoribus licet intra triginta dies præjudicium petere, cujus ope liberari possint. Ea lex fidejussorum quidem nullam facit mentionem , sed usus comprobavit etiam illius beneficium fidejussoribus esse commune. 8° Lege Publilia sponsori qui pro reo solverit , datur actio in duplum quæ appellatur actio *dépensi*.

II. *Similitudines*. — Ex diverso , omnium tam sponsorum quam fidejussorum par est conditio, 1° in eo quod omnes habeant mandati judicium ad recuperandum quod amplius sua portione pro reo solveverint ; 2° in eo quod omnes in leviorem , numquam in duriorem causam obligari possint ; 3° in eo denique quod omnibus communis sit lex Cornelia qua cautum est ut idem vetatur obligari pro eodem , apud eumdem , anno eodem , in ampliorem summam quam in XX millibus , nisi dotis causa. (Gaius , 3 , inst. 125.)

Justiniani temporibus fidejussio tantum extat , scilicet obligationi principali correalis accessio unius vel plurium qui pro reo totum solvere promittunt. Inde 1° fidejussor obligationibus tantum quæ valent sive jure Quiritium , sive jure naturali , adsumi potest ; 2° sublata obligatione , liberatur is qui pro reo intervenit ; 3° fidejussor non obligari potest ut plus debeat quam reus principalis , quia in accessione plus esse non potest quam in principali re ; at ex diverso ut minus debeat obligari potest. Item si *in majus* obligari vetatur , nihil impedit

____

(1) Haubold présume que c'est la loi *Apuleia*.

quominus *magis* obligetur fidejussor, scilicet fortiori adstringatur vinculo, quod non ineleganter sic exprimitur : *fidejussor intensive obligari potest, extensive non potest*. Quod si fidejussor in duriorem causam teneatur, utrum nulla, an solummodo ad debitam quantitatem redigenda accessio quæritur? Et certe nullam esse comprobatur. (D. 46. 1. l. 8, §§ 7 et 8 (1).

Cum verò creditori omisso reo totum et totaliter a quo velit fidejussore petere liceret, atque fidejussor qui pro reo solverit nullam adversus cofidejussores haberet actionem recuperandi gratia quod plus sua parte dederit, quo fidejussores adjuvarentur, triplex latum est beneficium 1° excussionis, 2° divisionis, 3° cedendarum actionum.

I. *Excussionis*. — Beneficium excussionis seu ordinis constitutione Justiniani tributum (Nov. 4, cap. 1) consistit in eo quod fidejussor in jus vocatus obtinere possit ut creditor prius reum principalem persequatur et excutat, et tunc solummodo adversus fidejussorem agat, quum bona rei satisfaciendo creditori non sufficiant; quod si absit vel latitet debitor, obtinere potest fidejussor temporis prorogationem intra quam debitorem evocet, et post quam elapsam actione rursus tenebitur.

Olim quidem sic intendebatur actio ; sed posterius creditori quem velit sive reum, sive fidejussorem persequi erat permissum ; at, optione semel facta, alter definitive liberabatur, quia una tantum est obligatio, omniaque jura creditor litis contestatione absumpsit. Justinianus autem ad antiquum jus recurrit, ita ut creditor reum ante fidejussorem persequi compellatur. Cœterum jus illud fit verum eo quod fidejussor ad debitorem principalem suo periculo remittit creditorem ; et tunc, quamvis creditor jus omne suum litis contestatione absumat, fidejussorem ex novo jure id est mandato rursus persequi censetur.

II. *Divisionis*. — Beneficium divisionis, Hadriani rescripto introductum, tale est ut fidejussor, non eo momento a quo pecunia peti possit, sed litis contestatæ tempore obtinere queat ut in cofidejusso

____

(1) Non obstat D. 13. 5. L. 11, § 1, in qua solum agitur de constituto.

res qui modo solvendo sint , pro parte detur actio. Prætor postulanti fidejussori auxilium illud pure dare cogitur nisi creditor et fidejussor de aliorum solvendi facultate in jure contendant ; quo casu prætor in formula scribere potest exceptionem : *Si non est illi solvendo sint* , de quâ tantum judex dicturus sit.

Cœterum , divisione semel facta , si quis litis contestatæ tempore solvendo non sit , hoc cofidejussorum , et , si solvendo non sit post litis contestationem , creditoris detrimentum erit.

III. *Cedendarum actionum.* — Fidejussor qui creditorem solvit , obligationem penitus exstinguit , et , quum solummodo suum gessit negotium , cofidejussores appellare impeditur , quamvis nihilominus omnes pro parte virili teneantur ; tunc repertum est beneficium cedendarum actionum cujus ope fidejussor, qui solverit, omnia in jura creditoris contra sive reum principalem sive cofidejussores subrogatur , dummodo hoc beneficio uti petat priusquam perimatur obligatio, quia jus semel exstinctum ad alium tranferri nequit.

Præterea fidejussor a creditore in jus vocatus omnes suo nomine exceptiones opponere potest ; quod ad exceptiones nomine débitoris principalis attinet , eas quidem rei cohærentes opponere , eas vero reo proprias minime potest.

Interdum quæritur utrum fidejussor in jus vocari possit a creditore negligenti per quem stat quominus obligatus principalis jam non solvendo sit ? Et certe potest ex jure digestorum ex quo sive reum , sive fidejussorem persequi creditori licet , nisi fidejussor obligatus fuerit eâ conditione ut solummodo quod deerit expleret.

Quod cœterum in legem conversum est (Nov. 4, cap. 1) ; exinde fidejussor omnis damnum præstare solummodo; atque id quod satisfaciendo creditori deerit explere pro debitore debet.

Quid juris si debitor qui , dum solvendo sit eo tempore quo pecunia exigi licet , jam esse desiit eo tempore quo exiit dies solvendi a creditore prorogata ? Et hoc quidem fidejussoris detrimentum erit nisi solvendi inopiam tempore prorogationis prævisu facilem fuisse probetur.

Code Civil.

De la communauté. — (Art. 1444 à 1495.)

Inconnue à Rome où le mari avait la propriété exclusive des biens et de la personne même de la femme, ravalée au niveau de la chose, *res*, la communauté est une institution purement coutumière qui doit son origine à l'invasion des peuples du Nord qui avaient des lois et usages simples, personnels, et chez lesquels, dit Montesquieu, *on trouve une rudesse originale, et un esprit qui n'avait pas été affaibli par un autre esprit.* Pour eux la femme était l'objet d'un culte poétique, une espèce de Providence dont ils vénéraient les conseils ; elle n'est plus une esclave soumise au despotisme d'un mari, mais une véritable compagne destinée à partager les joies et les douleurs, à concourir par ses soins et son travail, à la prospérité de l'association conjugale dans l'espérance d'un avenir égal, *proprie socia.*

Tandis que primitivement, et sous l'empire de la loi des Ripuaires, la femme n'avait que le tiers des biens acquis, elle eut, à partir des Croisades, droit à la moitié des acquêts, en pleine propriété, et ce principe a survécu aux modifications successives que le temps a appurtées aux coutumes, et a été conservé par le législateur de 1804.

Le régime de la communauté, qui formait un droit municipal chez tous les anciens peuples du Nord, à raison des caractères divers qu'il a revêtus, me paraît mériter de former le droit commun en France, comme étant le plus conforme à la nature du mariage, au développement immense qu'ont reçu, de nos jours, les fortunes mobilières, et à ces mariages si intéressans qui n'ont pour toute richesse que le travail et une affection réciproque.

Quoi qu'il en soit, examinons les régles de la dissolution de la communauté.

CHAPITRE I.

Causes, effets.

Comme toute société en général, la communauté est susceptible de voir un terme à son existence : les causes qui opérent sa dissolution proviennent ou de la loi ou du fait des associés eux-mêmes. (Art. 1441.)

Mort naturelle ou civile.

La mort naturelle ou civile entraînant nécessairement la rupture de l'association conjugale, emporte aussi de plein droit et irrévocablement la dissolution de la communauté.

Dès ce moment, et par suite du nouvel état de choses, il importe de déterminer d'une manière exacte la consistance de la communauté, à l'effet de prévenir tout détournement au préjudice des intéréssés. Aussi l'époux survivant est-il tenu de faire dresser, dans trois mois, devant notaire en présence du subrogé-tuteur, un inventaire fidèle et exact qui soit un gage certain de la loyauté du partage. Le défaut ou l'irregnlarité coupable dé l'inventaire ne donne pas lieu à la continuation de la communauté, comme sous l'empire de l'ancienne législation, mais permet à toutes les parties intéressées, sans distinction, de prouver la consistance des biens communs, soit par titres ou papiers domestiques, soit par témoins, soit même par commune renommée. (Art. 1442-1°.)

Bien mieux , s'il y a des enfans mineurs , l'époux survivant perd l'usufruit de tous les biens de ces enfans qui ont , d'ailleurs, la faculté de poursuivre les condamnations prononcées à leur profit contre le subrogé-tuteur coupable de n'avoir pas obligé le survivant à faire inventaire. (Art. 1442-2°.)

Séparation de corps.

La séparation de corps emportant par elle-même la séparation de biens (art. 311) doit produire les mêmes effets que celle-ci. Du reste, ces effets remontent , en ce qui concerne les époux , au jour de la demande en séparation de corps, et , par rapport aux tiers, du jour où le jugement a acquis la publicité voulue.

Quant à l'absence , elle ne devient une cause irrévocable de dissolution que par l'envoi en possession définitif des biens de l'absent. (Art. 124, 129.)

Séparation de biens.

1° Le droit de demander la séparation de biens est personnel à la femme; ni le mari, ni ses héritiers, ni ses créanciers ne peuvent prétendre à l'exercice de cette action. Toutefois, les héritiers de la femme peuvent, s'ils y ont intérêt, continuer l'action formée par cette dernière. Quant aux créanciers de la femme , ils ne peuvent poursuivre la séparation qu'avec le consentement de celle-ci , à moins que le mari ne soit en état de déconfiture ou de faillite , auquel cas ils peuvent, nonobstant le refus de la femme, faire valoir les droits qui competent à leur débitrice jusqu'à concurrence du montant de leurs créances, sous la réserve de l'usufruit dont les biens de la femme sont grevés au profit de la communauté, laquelle continue à subsister. (Art. 1446.)

2° La femme peut poursuivre la séparation de biens, soit lorsque sa dot est mise en péril et que le désordre des affaires du mari donne lieu de craindre que les biens de celui-ci soit insuffisants à faire rentrer la femme dans ses avantages, soit lorsqu'elle à une industrie dont les revenus sont absorbés par la mauvaise gestion du mari. Peu importe la cause du dérangement de ses affaires; peu importe que l'insolvabilité soit déjà actuelle, notoire ou seulement imminente, prête à arriver dans un temps prochain, pourvu, dans tous les cas, que la séparation soit poursuivie en justice, examinée et jugée en-dehors de l'aveu du mari, de tout fait donnant lieu à présumer une séparation volontaire. (Art. 1443.)

3° Si les créanciers du mari ne doivent pas, sans intérêt, porter un œil scrutateur dans la société conjugale et forcer le chef de cette société à dévoiler le secret de ses affaires, il est pourtant équitable de leur accorder les moyens de combattre les fraudes que pourraient employer les époux au détriment de leurs droits et créances. Aussi, sont-ils autorisés à intervenir dans l'instance pour contester la séparation et interjeter appel du jugement qui l'aurait prononcé. Bien mieux, ils peuvent se pourvoir, par la voie de tierce-opposition, contre la séparation admise et exécutée en fraude de leurs droits, pourvu qu'ils agissent dans le délai d'un an. (Art. 1447, et Code de Procédure, art. 871 à 873.)

4° La séparation de biens, à raison de ses effets, a dû être environnée de formalités nombreuses, protectrices des droits de tous. (Art. 1445, et Code de Procédure, art. 865 à 873.)

Si le jugement qui a admis la séparation de biens n'est pas exécuté dans la quinzaine de sa prononciation, soit volontairement par le paiement réel des droits et reprises de la femme, effectué par acte authentique jusqu'à concurrence des biens du mari, soit forcément par des poursuites juridiques, il sera réputé non-avenu, ainsi que toute la procédure qui l'aura précédé. La nullité pourra être opposée à la femme non-seulement par les créanciers du mari, mais encore par le mari lui-même grandement intéressé à connaître d'une manière

certaine la position nouvelle que lui crée la séparation de biens. Mais ,
en aucun cas , la femme ne peut invoquer cette nullité qui ne saurait
être absolue. (Art. 1444.)

5° Les effets du jugement qui prononce la séparation de biens , remontent au jour de la demande, c'est-à-dire, au jour de l'assignation
donnée au mari. (Art. 1445-2°.)

Mais cette retroactivité aura-t-elle lieu tant vis-à-vis des tiers qu'à
l'égard des époux ? Quelques auteurs admettent l'affirmative d'une
manière absolue ; d'autres ne veulent pas l'appliquer au tiers de bonne
foi ; d'autres enfin , posent une nouvelle distinction suivant laquelle les
actes faits par le mari , en sa qualité d'administrateur , sont valables
à l'égard des tiers de bonne foi, et les actes faits par le mari en vertu
de pouvoirs plus étendus, à lui conférés , sont subordonnés à l'issue
de la demande en séparation ; *secùs* au cas de séparation de corps,
qui ne produit d'effet qu'à partir de la prononciation du jugement, le
mari étant présumé bien administrer.

6° La femme est rendue à la libre administration de ses biens.
(Art. 1449-1°.)

Elle peut dès-lors , sans autorisation maritale, faire tous les actes
de simple administration , jouir de ses biens et revenus comme elle le
juge convenable ; elle doit seulement contribuer , proportionnellement
à ses facultés et à celles du mari , aux frais du ménage et à ceux d'é-
ducation des enfants communs , et même les supporter entièrement ,
s'il ne reste rien au mari. (Art. 1448.)

Cependant , comme la femme demeure , malgré la séparation de
biens, sous la puissance maritale , il résulte qu'elle ne peut, sans l'autorisation du mari , ou , à son refus , de la justice , aliéner ses immeubles à titre gratuit ou onéreux. (Art. 1448-3°.)

Toutefois , elle peut contracter des dettes pour les besoins et dans
les limites d'une sage administration : qui veut la fin, veut les moyens.
Du reste, elle a besoin de l'autorisation du mari pour ester en justice ,
pour intenter toute action , même relative aux actes de simple administration,

De plus , et à raison de l'ascendant que le mari est présumé con-
server sur sa femme, la loi impose au mari l'obligation de surveiller
sous sa responsabilité , l'emploi du prix de vente effectuée avec son
autorisation ou avec l'autorisation de la justice , s'il en a retiré quelque
profit ; mais il ne répond pas de l'utilité de l'emploi. (Art. 1450.)

7° La communauté dissoute par suite de séparation de corps ou de
biens peut être, à chaque instant , rétablie du consentement des deux
parties, par acte devant notaire , rendu public dans la forme de
l'art. 1445 , relatif aux jugements de séparation , pourvu, d'ailleurs ,
qu'elle soit rétablie sous les conditions qui la réglaient avant, à peine de
nullité, non pas de l'acte de rétablissement , mais des clauses différentes qu'on aurait inscrites. (Art. 1451.)

Ainsi rétablie , la communauté est censée n'avoir jamais éprouvé
de discontinuation et reprend son effet , vis-à-vis des époux , du jour
du mariage , sans que néanmoins cet établissement puisse porter la
moindre atteinte aux actes que les tiers ont pu faire, dans l'intervalle,
avec la femme investie de la libre administration de ses biens.

CHAPITRE II.

*De l'option accordée à la femme entre l'acceptation ou la répudiation
de la communauté.*

La femme étant copropriétaire avec le mari des biens de la communauté , devrait, d'après les principes rigoureux , avoir sa part irrévocablement fixée à la moitié des effets communs. Mais un bénéfice
tout spécial permet à la femme de renoncer à cette moitié, sur laquelle
elle a un droit absolu., en l'abandonnant au mari. Ce bénéfice, qui
remonte au temps des Croisades à l'occasion desquelles les bourgeois-
gentilshommes contractaient des dettes énormes dont les suites étaient
si désastreuses pour les veuves, introduit d'abord uniquement pour
les femmes nobles, fut bientôt, grâce au progrès de la raison, étendu

à toutes les femmes mariées sans distinction ; et conservé dans notre Code Civil.

« Le droit d'option, disait M. Duveyrier, n'est pas seulement de » justice libérale, mais d'équité rigoureuse. »

La femme, qui n'a pris aucune part à l'administration, pourrait-elle, sans injustice criante, être tenue des charges qui grèvent la communauté par suite des mauvaises affaires du mari, administrateur suprême et sans contrôle ?... La loi attache donc justement à ce droit d'option un caractère absolu, d'ordre public, de telle sorte, que toute convention tendant à priver la femme de ce droit, ou même seulement à l'annihiler entre ses mains, doit être frappée de nullité radicale. (Art. 1453.)

Au contraire, ce droit est dénié au mari ou à ses successeurs parce que le mari a été l'administrateur absolu de la société, a géré comme il a jugé convenable, et ne saurait, en aucun cas, décliner la responsabilité de sa gestion. *Cur enim male administravit?*

L'acceptation est expresse ou tacite. (Art. 1454 à 1455.)

La répudiation doit être faite au moyen d'une déclation au greffe du tribunal, inscrite sur le registre destiné à recevoir les renonciations à succession. (Art. 1457.)

Du reste, la femme séparée de corps et de biens sera présumée avoir renoncé à la communauté, quand elle ne l'aura pas acceptée dans les trois mois et quarante jours à partir du moment où le jugement a acquis force de chose jugée, à moins qu'étant encore dans le délai, elle n'en ait obtenu la prorogation en justice, contradictoirement avec le mari, ou lui dûment appelé. (Art. 1463.)

Au surplus, l'acceptation, comme la renonciation ne peut avoir lieu pour une partie ou sous condition, ou à terme, mais purement et simplement et d'une manière irrévocable, sauf dans les cas de violence ou de dol employés par les héritiers ou créanciers du mari. (Art. 1455.)

Tandis que le délai pour accepter est de trente ans, sauf en cas de dissolution survenue par suite de la séparation de corps ou de biens, auquel cas il n'est que de trois mois et quarante jours, celui pour renoncer n'est que de trois mois, dont l'expiration fait présumer l'acceptation de la communauté, à moins que la femme n'ait fait dresser un inventaire fidèle et exact des effets communs, ou qu'elle n'ait obtenu du tribunal une prorogation du délai légal, auxquels cas elle conserve la faculté de renoncer tant qu'elle ne se sera pas immiscée, ou ne sera pas sous le coup d'un jugement qui la déclare commune en biens. (Art. 1456, 1458 et 1459.)

Bien mieux, elle a encore pour délibérer un délai de quarante jours à partir de la confection définitive de l'inventaire; durant cet intervalle, elle peut repousser toute action dirigée contre elle; ce délai expiré, elle peut encore renoncer, pourvu qu'elle paie les frais exposés contre elle jusqu'à sa renonciation.

Si la veuve meurt, avant l'expiration des trois mois, sans avoir fait ou terminé l'inventaire, ses héritiers auront, pour le faire ou le terminer, un nouveau délai de trois mois, du jour de son décès, et de quarante jours pour délibérer, après la clôture de l'inventaire. Si elle meurt, ayant terminé l'inventaire, ses héritiers ont, pour délibérer, un nouveau délai de quarante jours, à compter de son décès. (Art. 1461.)

La veuve qui, avant d'avoir renoncé, aura diverti ou récélé quelques effets de la communauté, sera déclarée commune en biens; il en est de même à l'égard des héritiers. (Art. 1460.)

Les créanciers de la femme ont le droit d'attaquer la renonciation faite au préjudice de leurs droits, et d'accepter la communauté de leur chef, avec l'autorisation de la justice. (Art. 1464, 788.)

Au demeurant, qu'elle accepte ou qu'elle répudie, la veuve a droit, pendant les trois mois et quarante jours pour faire inventaire et délibérer, de prendre sa nourriture, celle des enfants communs et des domestiques sur les provisions existantes, et, à défaut, de s'en procurer au compte de la communauté à charge d'en user modérément. Elle ne doit aucun loyer à raison de l'habitation, et peut, en outre, prendre sur la masse le prix de son deuil et celui de ses domestiques. (Art, 1463 et 1481.)

SECTION 1re.

De l'acceptation.

L'acceptation, qui retroagit au jour de la dissolution, a pour effet immédiat de rendre la femme commune, de la faire participer aux bénéfices et aux pertes de la communauté. La masse doit, à cet effet, être divisée en deux parts, et être répartie suivant les régles ordinaires du partage en général.

§ 1er.

Partage de l'actif.

1° La première obligation, pour arriver à un partage, est de rapporter réellement ou fictivement à la masse tout ce que les époux en ont retiré pour leurs avantages personnels. (Art. 1468 et 1469. Cbn. 1437.)

Réciproquement, les époux doivent reprendre, par forme de prélèvement, 1° leurs biens personnels non-tombés dans la communauté, s'ils existent en nature, ou ceux acquis en remploi ; 2° le prix des immeubles aliénés pendant le mariage et dont il n'a pas été fait remploi ; 3° les indemnités ou récompenses dues aux époux par la communauté. (Art. 1470.)

Du reste, les sommes dues à titre de remplois et récompenses par les époux à la communauté, et *vice versa*, portent intérêt de plein droit, du jour de la dissolution de la communauté ; ces intérêts doivent donc être prélevés ou rapportés avec le principal. (Art. 1473.)

Les prélèvements de la femme s'exercent avant ceux du mari ; ils portent sur les objets eux-mêmes , s'ils existent en nature , sinon , sur l'argent comptant d'abord, ensuite sur le mobilier et, subsidiairement, sur les immeubles de la communauté, au choix de la femme , pourvu , toutefois, que la disproportion entre la valeur de l'immeuble choisi et le montant des reprises ne soit pas exhorbitante. De plus , si les biens de la communauté sont insuffisants , la femme exerce ses reprises sur les biens personnels du mari , au contraire , celui-ci ne peut exercer ses prélèvements que sur les biens de la communauté. (Art. 1471 et 1472.)

Cette préférence , qui tient à ce que la femme ne prend aucune part à l'administration , n'est qu'un témoin oisif et malheureux de la gestion maritale , est basée sur un point équitable , inspirée par une idée de faveur et de protection ; et pourtant elle peut amener des résultats contraires à la pensée du législateur, en ce sens que le mari a plus de chance d'être payé sur les objets les plus précieux de la communauté , les immeubles.

2° Les prélèvements ainsi exécutés , l'actif de la communauté se partage par égales portions entre les époux ou leurs représentants , à moins qu'un des conjoints n'ait diverti ou récélé quelques effets de la communauté , auquel cas il est privé de sa portion sur lesdits effets , à quelque titre que son droit lui soit acquis. (Art. 1474 et 1477.)

Si les héritiers de la femme sont divisés, celui qui accepte la communauté ne peut prendre que sa portion virile et héréditaire dans les biens échus au lot de la femme. Le surplus reste au mari qui demeure chargé, envers l'héritier renonçant, des droits que la femme aurait pu exercer en cas de renonciation, mais jusqu'à concurrence seulement de la portion héréditaire du renonçant. (Art. 1475.)

Au surplus , ce n'est qu'après le partage consommé, que l'époux , créancier de son conjoint, pourra poursuivre le recouvrement de sa créance sur la part échue au débiteur dans la communauté , ou sur ses biens personnels , ainsi que les intérêts qui courent du jour de la demande en justice. (Art. 1478 et 1479.)

§ 2.

Du passif ou contribution aux dettes.

Toutes les charges qui grèvent la communauté doivent , en thèse générale , être supportées par les époux par égales portions. (Art. 1482.)

Toutefois, leurs obligations sont différentes suivant que l'on envisage leur position par rapport aux tiers créanciers , ou par rapport aux époux entr'eux.

Contribution aux dettes envers les créanciers.

1° Le mari est tenu , en principe et sauf quelques exceptions , au paiement intégral des dettes , vis-à-vis des créanciers , sans distinguer si les dettes sont contractées par le mari lui-même ou par la femme avec son autorisation ou celle de la justice , dans les cas prévus par l'art. 1427, sauf néanmoins son recours , pour la moitié , contre la femme ou ses héritiers. (Art. 1484.)

Toutefois, et par exception, le mari n'est tenu de supporter que pour moitié les dettes personnelles à la femme , tombées , par suite du mariage , à la charge de la communauté. (Art. 1485.)

2° La femme , au contraire , n'est tenue, sauf quelques exceptions, que pour moitié des dettes de la communauté , et jusqu'à concurrence de son émolument , pourvu qu'il y ait eu bon et fidèle inventaire , dressé dans le délai et les formes ordinaires , pouvant servir de base certaine à la fixation du bénéfice qui revient à la femme , par suite du partage. (Art. 1483.)

Cependant, si la femme a payé au-delà de sa moitié, comme elle est présumée avoir voulu acquitter la dette du mari, elle n'aura pas de répétition contre le créancier pour l'excédant, à moins que la quittance n'exprime qu'elle a seulement entendue acquitter sa moitié. (Art. 1488.)

Par dérogation à ce principe de l'art. 1483, la femme est tenue de la totalité des dettes qu'elle a contractées solidairement avec le mari , ainsi que de celles qu'elle a contractées seule avec l'autorisation maritale , ou même avec celle de la justice, dans les hypothèses de l'art. 1427, bien que ce soit dans l'intérêt de la communauté. Il en est de même des dettes mobilières antérieures au mariage , et de celles qui grevaient les successions échues à là femme durant la communauté.

3° L'époux qui, d'après les régles générales , ne serait tenu que pour moitie, en sera tenu pour la totalité, quand la dette est indivisible, quand elle est contractée dans son intérêt personnel, et enfin quand elle est garantie par une hypothèque qui grève un immeuble à lui échu en partage, (Art. 1489.)

Contribution aux dettes vis-à-vis des époux.

Les époux supportent, par moitié, toutes les dettes grèvant la communauté; et si l'un d'eux a payé au-delà de sa part contributoire, il a un recours en indemnité contre son conjoint. (Art. 1470, al. 2.)

Cependant, la femme n'y contribue qu'à concurrence de son émolument, quelles que soient l'origine et la nature des dettes de la communauté.

Au demeurant, rien ne s'oppose à ce que, pour le partage, l'un des époux ne soit chargé de payer une quotité de dettes excédant la moitié, ou mieux l'intégralité, sans que pourtant ces clauses particulières puissent être opposées aux créanciers. (Art. 1490, al. 1.)

SECTION 2me.

De la renonciation.

Le mari ne peut renoncer à la communauté ; l'ayant gérée seul , en administrateur absolu , il serait injuste qu'il pût , à l'aide de la renonciation, décliner la responsabilité de ses actes, se soustraire aux charges dont il a grevé , par sa mauvaise gestion , les biens de la communauté. Ce droit est exclusivement réservé à la femme comme moyen de contrebalancer les pouvoirs exorbitants du mari , et conjurer les désastres résultant d'une administration abusive. Vainement objecterait-on que n'étant tenue aux dettes qu'à concurrence de son émolument , la femme n'est exposée à aucun danger , que dès-lors la renonciation est un remède de luxe : la femme a un intérêt immense à pouvoir renoncer ; d'une part , en effet , elle a l'avantage de s'exonérer de la liquidation souvent longue et sans profit pour elle ; d'autre part , si elle a stipulé une reprise d'apports, il lui est avantageux de les reprendre sur-le-champ, avant le partage de la communauté.

La renonciation rétroagit, quant à ses effets , au jour de la célébration du mariage , en sorte que la femme est censée n'avoir jamais été commune , et , par suite est étrangère aux bénéfices et pertes de la communauté.

La femme renonçante perd toute espèce de droits sur la communauté , même sur le mobilier qui y est entré de son chef , elle retire seulement les linges et hardes à son usage. (Art. 1492.)

Réciproquement , la femme est déchargée de toute contribution aux dettes de la communauté tant à l'égard du mari qu'à l'égard des créanciers. Toutefois, elle reste , vis-à-vis de ces derniers , engagée au paiement des dettes qu'elle a contractées conjointement avec son mari , et de celles provenant originairement de son chef , sauf son recours contre le mari ou ses représentants. (Art. 1494.)

Elle exerce toutes les reprises qu'elle eût pu exercer, si elle avait accepté. Ainsi, elle a le droit de reprendre 1° ses immeubles propres existants en nature, ou ceux acquis en remploi ; 2° le prix de ses immeubles aliénés, dont il n'a pas été fait de remploi ; 3° toutes les indemnités et récompenses qui peuvent lui être dues par la communauté, avec les revenus et intérêts de ses reprises à compter de la dissolution de la communauté. (Art. 1493.)

Du reste, la femme est autorisée à exercer ses actions et reprises, tant sur les biens de la communauté que sur les biens personnels du mari. Les héritiers de la femme ont les mêmes droits et avantages qu'elle, sauf en ce qui touche le prélèvement des linges et hardes, ainsi que la nourriture et le logement pendant le délai accordé pour faire inventaire et délibérer, droits personnels à la veuve. (Art. 1495.)

Code de Procédure Civile.

Liv. I. -- Tit. II.

De la récusation. — (Art. 378 à 396.)

Concilier les intérêts divers qui s'agitent dans tout procès ; ceux d'une partie qui croit devoir suspecter la partialité d'un magistrat, ceux de la partie adverse qui se voit, à son grand regret, privée d'un juge dans lequel elle pouvait avoir une confiance pleine et entière ; sauvegarder l'honneur et l'indépendance de la magistrature ; accorder au juge une loyale réparation de l'attaque injuste et compromettante dont il a pu être victime, tel est l'objet de la récusation que l'on peut définir, avec M. Carré, « une exception déclinatoire par la- » quelle une partie *refuse* d'avoir pour juge un ou plusieurs des mem- » bres du tribunal saisi du procès. »

Les causes de récusation sont indiquées par la loi elle-même et reposent sur divers motifs qui peuvent se réduire à quatre : l'intérêt, la haine, l'affection, la prévention. (Art. 378.)

Cet article, qui énumère neuf causes de récusation, est-il limitatif ou simplement énonciatif?

Quelques auteurs, notamment M. Pigeau, pensent que l'article n'est que démonstratif, susceptible, par conséquent, de comprendre d'autres causes. Mais la généralité des auteurs se prononce pour l'opinion contraire, qui paraît préférable. La récusation, en effet, est une exception, une attaque injurieuse à l'intégrité du magistrat récusé ; elle doit donc ne pas recevoir d'extension, il serait très-dangereux d'autoriser la récusation pour mille causes futiles qu'une partie, par esprit de malignité, ne manquerait de venir alléguer. La loi, pour prévenir cet arbitraire, a dû nécessairement indiquer *tous* les motifs et les *seuls* motifs de récusation.

Tout juge, c'est-à-dire soit titulaire, soit suppléant, même le ministère public agissant comme partie jointe, qui saura cause de récusation en sa personne, devra, pour prévenir l'espèce d'injure attachée à la récusation, déclarer à la chambre, qui statuera, le motif pour lequel il doit s'abstenir. (Art. 380.)

Bien mieux, si la chambre est en nombre pour connaître de la contestation, le juge peut s'abstenir volontairement et sans qu'il soit besoin de rien statuer, quand même le déport, d'ailleurs sans inconvénients, ne serait fondé que sur un scrupule de délicatesse et non sur une cause légale de récusation ; autre chose, en effet, est la récusation, autre est l'abstension.

L'abstension est volontaire ; elle peut avoir lieu en tout état de cause, mais elle est irrévocable, et quand même les causes disparaîtraient, le juge ne serait pas recevable à juger l'affaire dans laquelle il s'est abstenu ; comme aussi , s'il a participé au jugement, malgré l'existence de causes de récusation à raison desquelles il ne s'est pas abstenu, ou que les parties n'ont pas invoquées, le jugement est irrévocablement rendu et inattaquable pour ce motif , sauf dans le cas où le juge a été sciemment intéressé au procès ; ici la maxime : nul ne peut être juge et partie dans sa cause, reprendrait son empire.

La récusation est forcée pour le juge ; elle doit, à peine de déchéance , être invoquée avant le commencement de la plaidoirie, c'est-à-dire avant que les conclusions soient respectivement prises à l'audience à l'effet d'obtenir un jugement définitif , et , si l'affaire est en rapport, avant que l'instruction soit achevée, ou que les délais soient expirés. (Art. 382 , Cbn. 343.)

Toutefois , si les causes sont survenues postérieurement, ou même si , quoique existantes antérieurement, elles n'ont pu absolument être connues avant la plaidoirie, la récusation devrait être recevable.

S'il s'agit d'un juge-commissaire nommé pour procéder à des opérations préparatoires, fut-il pris parmi les juges saisis du procès , la récusation devra être proposée dans les trois jours augmentés d'un jour par trois myriamètres de distance, 1° si le jugement est contradictoire , du jour du jugement ; 2° s'il est par défaut, et qu'il n'y ait pas d'opposition , du jour de l'expiration de la huitaine de l'opposition , 3° s'il y a eu opposition, du jour du débouté d'opposition. (Art. 383.) Du reste , la récusation doit être jugée par le tribunal auquel appartient le juge délégué , et, s'il s'agit d'un juge-de-paix, par le tribunal dont il relève.

Les formes dans lesquelles la demande en récusation doit être faite et jugée sont assez simples et assez expéditives. (Art. 384 à 390.)

Quelles sont les voies de recours contre le jugement qui a statué sur la récusation ? La voie de l'opposition n'est pas admise parce qu'elle ne l'est que contre les jugements par défaut, et que tel n'est pas celui qui statue sur la récusation , lequel est rendu en audience publique , sur les conclusions du ministère public.. Le récusant a présenté ses moyens , le juge récusé fait son dire ; quant à l'adversaire du récusant, comme la récusation n'est qu'un incident sur la contestation principale, se liant avec le fond , il est en cause, partie dans l'instance , et peut être présent à tout ce qui se fait, contester , plaider sur l'incident qui peut lui être désavantageux.

L'appel seul est ouvert contre tout jugement en récusation. (Art. 391.)

Le récusant peut , sans difficulté aucune, interjeter appel ; son intérêt est patent. L'adversaire du récusant le peut également puisqu'il est partie dans l'instance et qu'il peut lui importer de ne pas être dessaisi de ses juges naturels. Pareillement, le juge récusé doit avoir le même droit toutes les fois que son honneur est compromis par le jugement qui a admis la récusation ; mais s'il n'interjette appel que pour obtenir une réparation , il faut distinguer le cas où il est intervenu en première instance pour la demander, et celui où il n'est pas intervenu; au premier cas, le juge aura la voie de l'appel ; au second cas , il en sera privé ; la voie de la tierce-opposition lui sera seule ouverte.

Au demeurant, la procédure à l'effet d'interjeter appel est simple et rapide ; le délai n'est que de cinq jours à compter de la prononciation du jugement; il ne faut pas qu'un soupçon compromettant plane longtemps sur l'intégrité du juge. (Art. 391 à 396.)

L'appel du jugement sur récusation , comme celui de tout jugement en général , est suspensif, et le juge ne peut ordonner l'exécution provisoire du jugement, à moins qu'attendu l'urgence , il ne soit nécessaire de procéder à une opération avant l'issue de l'appel, auquel cas, l'incident est porté à l'audience sur un simple acte, et le tribunal qui aura rejeté la récusation pourra ordonner qu'il sera opéré par un autre juge.

Au surplus , l'effet suspensif ne dure qu'un mois du jour du jugement; ce délai expiré , le jugement de première instance sur récusation sera exécutoire, et tout ce qui sera fait en conséquence sera valable encore que la récusation fût admise sur l'appel ; dérogation importante aux principes généraux suivant lesquels tout ce qui a été fait en vertu d'un jugement exécutoire par provision est annulé , si l'appel est accueilli.

Droit Criminel.

De la compétence et de la procédure en matière de crimes et délits imputés à des magistrats ou à des officiers de police judiciaire dans l'exercice de leurs fonctions. — (Inst. Crim., art. 483 à 503.)

« La justice, a dit Jérémie Bentham, ne doit pas seulement être
» réelle, mais encore apparente. »
Pour que les jugements soient environnés d'un respect religieux , il faut que les magistrats en imposent par une noble probité, et que la loi vienne assurer leur indépendance , gage de l'accomplissement des devoirs. Or, que deviendraient et le prestige de leur caractère public et le libre exercice de leurs fonctions, si, à chaque instant , au gré du caprice et de la malignité de chacun , les magistrats pouvaient se voir arrachés de leur siége pour répondre à des accusations frivoles ou téméraires ? Si le ministère du juge est forcé, du moins faut-il le protéger contre les dénonciations calomnieuses que des passions haineuses ne manqueraient pas de faire naître , sous le voile même du droit. Non pas que le cri de la justice doive être étouffé , que l'on puisse, par l'exercice d'une fonction, se soustraire au glaive de la loi; car, si la société a la droit d'exiger que chacun assume la responsabilité de ses actes , à plus forte raison peut-elle l'exiger du citoyen investi d'une fonction publique , dans l'exercice de laquelle il ne saurait puiser un privilége personnel. Mais la loi, dans un intérêt public , a

voulu et dû vouloir que les attaques dirigées contre des fonctionnaires publics soient soumises à un examen préparatoire, à une appréciation sérieuse. ; et, dans le cas où la plainte ne paraîtrait pas dénuée de fondement, renvoyer les prévenus devant un tribunal extraordinaire qui présente de puissantes garanties.

Tel est l'objet des dispositions des art. 483 à 503 du Code d'Instruction Criminelle, qui règlent la compétence et la procédure à suivre à l'égard des crimes et délits commis par des magistrats de tribunaux judiciaires ou de police, dans l'exercice de leurs fonctions.

Lorsque des délits emportant une peine correctionnelle ont été commis par des juges ou officiers de tribunaux inférieurs dans l'exercice de leurs fonctions, ces délits doivent être poursuivis et jugés selon la prescription de l'art. 479, c'est-à-dire que les prévenus seront cités directement par le procureur-général devant la cour qui prononce sans appel. (Art. 483,)

Cet article comprend les juges et suppléants, ou de police, ceux des tribunaux de commerce, les officiers de police judiciaire, les maires et adjoints tenant le tribunal de police, les commissaires de police , les juges des tribunaux correctionnels ou de première instance et les officiers du ministère public près l'un de ces juges ou tribunaux.

Si ces mêmes magistrats sont prévenus d'avoir commis un crime important la peine de forfaiture ou autre plus grave, les fonctions ordinairement dévolues au juge d'instruction et au ministère public seront remplies par le premier président et le procureur-général près la cour d'appel, chacun en ce qui le concerne, ou par tels autres officiers qu'ils auront spécialement et respectivement désignés à cet effet. Jusqu'à cette délégation, et s'il existe un corps de délit, il pourra être constaté par tout officier de police judiciaire, et pour le surplus de la procédure, on applique les régles générales. (Art. 484.)

Du reste, malgré ces dernières expressions, celui qui fera l'instruction n'aura pas de rapport à faire, il est tenu d'envoyer l'instruction au procureur-général qui, lui, en fera le rapport à la chambre d'accusation.

Quand un crime emportant la peine de forfaiture ou autre plus

grave , est imputé soit à un tribunal entier de commerce , correction-
nel et de première instance , soit individuellement à un ou plusieurs
membres de cours souveraines , ainsi qu'aux procureurs-généraux et
aux substituts près ces cours, le crime sera dénoncé au ministre de la
justice , qui appréciera le mérite de la dénonciation , et donnera , s'il
y a des indices de culpabilité par lui jugés suffisants , ordre au procureur-général près la cour de cassation de poursuivre le fonctionnaire
prévenu. Pareillement , le crime pourra être dénoncé directement à la
cour de cassation par ceux qui se prétendront lésés pourvu qu'ils de-
mandent à prendre le tribunal ou le juge à partie, ou que la dénonciation soit incidente à une affaire pendante à la cour de cassation.
(Art. 485 et 486.)

Quant au surplus de la procédure à suivre pour arriver à la consta-
tation du crime ou délit , à la mise en accusation , et le mode de juger , voy. art. 487 à 503.

La loi ne parle pas du cas où le délit a été commis par un tribunal
entier , ou par un ou plusieurs membres de cours souveraines , faut-il
procéder comme dans le cas de délit commis par ces magistrats hors
de leurs fonctions, ou assimiler le cas de délit à celui de crime ?
Comme le délit commis dans l'exercice des fonctions ne demande pas
plus de circonspection et de garanties que le crime commis hors de
l'exercice des fonctions , on décide qu'il faut appliquer les régles des
art. 481 et 482.

Cette thèse sera soutenue dans une des salles de la Faculté, en
séance publique, le 1er août 1849.

Vu par le président de la Thèse,

Laurens.

Impr. LAGARRIGUE, allée Lafayette, 5.